씩씩한 _____의
책입니다.

신비아파트 고스트볼X의 탄생 한자사전

1판 1쇄 발행 | 2019년 5월 28일 **1판 3쇄 발행** | 2019년 9월 30일
콘텐츠 | 김시연 **그림** | 정주연
발행처 | (주)서울문화사 **발행인** | 신상철
편집인 | 최원영 **편집장** | 최영미 **편집** | 박현주, 윤보황
출판마케팅 | 홍성현, 이동남 **제작** | 이수행, 주진만
출판등록일 1988년 2월 16일 **출판등록번호** 제2-484
주소 | 서울시 용산구 새창로 221-19
전화 | 02)791-0754(판매) 02)799-9186(편집)
팩스 | 02)749-4079(판매) 02)799-9144(편집)
표지 디자인 | 이강숙 **본문 디자인** | 이강숙, 김나경
인쇄처 | 에스엠그린인쇄사업팀

ISBN 979-11-6438-085-5 64800
　　　979-11-6438-086-2(세트)

ⓒ CJ ENM Corporation. All Rights Reserved.

본 제품은 CJ ENM(주)과 (주)서울문화사의 상품화 계약에 의거하여
제작, 생산되오니 무단복제 시 법의 처벌을 받습니다.

신비 호기심 쑥쑥 ❶

신비아파트
고스트볼 X의 탄생
한자사전

서울문화사

차례

⭐ 한자란? · 4
⭐ 이 책의 구성 · 5
⭐ 캐릭터 소개 · 6

1장 ⭐
신비랑! 아름다운 **자연** 표현 한자 · 8

2장 ⭐
금비랑! 신기한 **인체** 표현 한자 · 70

3장 ⭐
하리랑! **수**와 **방향** 표현 한자 · 88

4장 ⭐
두리랑! **인물**과 **가족** 표현 한자 · 140

5장

강림이랑! 즐거운 생활 표현 한자 · 178

6장

리온이랑! 장소와 **기타** 표현 한자 · 240

부록

☆ 한자가 만들어지는 원리_제자원리 · 260

☆ 도깨비에게 배우는 숫자_숫자 · 262

☆ 귀신에게 배우는 일주일_요일 · 263

☆ 별빛 초등학교 신체 검사날_인체, 높이, 무게 · 264

☆ 별빛 초등학교 소풍날_방향과 동물 · 266

☆ 하리와 두리의 1년_계절과 시간 · 267

찾아보기 · 268

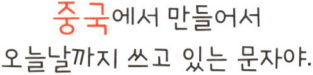

한자란?

중국에서 만들어서 오늘날까지 쓰고 있는 문자야.

기원전 15세기경 갑골 문자가 현존하는 가장 오래된 한자라고 하니, 정말 옛날부터 있던 문자지?

한자를 사용하는 나라들을 '한자 문화권'이라고 부르는데, 중국은 물론 한국과 일본, 대만, 베트남, 싱가포르 등 다양한 나라가 있어.

우리말 어휘의 70%나 차지한대!

우와, 그럼 한자를 알면 어휘력이 올라가겠다!

나도 한자 공부 해서 똑똑해져야지~!

이 책의 구성

☆ 본문 구성

❶ 한자의 급수를 알려 줘요.

❹ 신비아파트 캐릭터가 등장하는 예문으로, 한자의 활용을 재미있게 익혀요.

❺ 자연, 인체, 수와 방향, 인물과 가족, 생활, 장소와 기타 총 6장으로 이루어져 있어요.

❷ 한자 아래 훈(뜻)과 음(소리)이 나와 있어, 이해하기 쉬워요.

❸ 한자의 부수와 획수, 바르게 쓰는 순서를 알려 줘요.

❼ 한자의 생성 과정을 알려 줘요.

❻ 신비아파트 캐릭터 그림으로 한자의 뜻을 자연스럽게 익혀요.

☆ 부록 구성

❽ 신체 검사날, 소풍날 등 친근한 주제로 숫자, 요일, 자연 등 일상 속에서 자주 사용하는 한자를 알아 보아요.

❾ '가나다' 순 찾아보기를 보고 궁금한 한자를 빠르게 찾아서 공부해요.

캐릭터소개

신비
신비아파트가 100년이 된 순간 태어난 도깨비.

금비
밝고 순수한 조선시대 도깨비.

구하리
호기심, 의욕, 힘이 넘치는 두리의 센 누나.

구두리
하리의 동생으로 겁이 많은 성격 때문에 귀신을 무척 무서워한다.

최강림

멋지고 잘생겼는데 차가운
매력까지 있는 별빛 초등학교
최고의 인기남.

리온

유럽 퇴마 조직 아이기스에서
온 최연소 퇴마사.

이가은

내성적이고 말수가
적지만, 사려 깊고
침착하다.

김현우

하리, 가은과 같은 반 친구이자
신비아파트에 살고 있다.

天 하늘 천 · 10	靑 푸를 청 · 40
地 땅 지 · 12	白 흰 백 · 42
土 흙 토 · 14	春 봄 춘 · 44
草 풀 초 · 16	夏 여름 하 · 46
木 나무 목 · 18	秋 가을 추 · 48
林 수풀 림(임) · 20	冬 겨울 동 · 50
花 꽃 화 · 22	日 날 일 · 52
山 메 산 · 24	每 매양 매 · 54
海 바다 해 · 26	月 달 월 · 56
川 내 천 · 28	年 해 년 · 58
江 강 강 · 30	牛 소 우 · 60
水 물 수 · 32	馬 말 마 · 62
火 불 화 · 34	羊 양 양 · 64
電 번개 전 · 36	犬 개 견 · 66
色 빛 색 · 38	魚 물고기 어 · 68

天

하늘 **천**

하늘을 뜻하며, 천이라고 읽어.

부수 大
총 4 획

天 天 天 天

별이 수놓아진 밤하늘을 보면
천지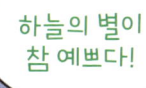는 어떻게
만들어졌는지 궁금해.

하늘의 별이
참 예쁘다!

天은 大(큰 대)와 一(한 일)이 합쳐진 모습으로,
사람 머리 위에 하늘이 있는 모양을 나타내.

땅 지

땅을 뜻하며,
지라고 읽어.

부수 土
총 6획

地 地 地 地 地 地

봄이 되자 뱀이 지상(地上)으로 나왔어.

친구야, 안녕?

地는 흙과 물 또는 흙과 뱀의 모양을 나타내.

土

흙 **토**

흙을 뜻하며, 토라고 읽어.

부수 土
총 3획

풀 **초**

풀을 뜻하며,
초라고 읽어.

부수 ╋╋
총 **10**획

草草草草草芇芇苩
草草

초원(草原)에
싱싱한 초록빛 풀이 가득해.

草는 원래부터
있던 풀 모양을 나타내.

나무 **목**

나무를 뜻하며, 목이라고 읽어.

부수 木
총 4획

一 十 才 木

당목귀는 **목수**(木手)가
되는 게 꿈이야.

木은 나무가 뿌리를 내리고
가지가 뻗어 나가는 모습을 나타내.

7급

수풀 림(임)

수풀을 뜻하며, 림 또는 임이라고 읽어.

부수 木
총 8획

一 十 才 木 术 朴 材 林

우리나라는 울창한
산림(山林)이 많아.

林은 나무 두 그루가
있는 모양을 나타내.

花

꽃 **화**

꽃을 뜻하며, **화**라고 읽어.

부수 ++
총 **8**획

花 花 花 花 花 花 花 花

화분(花盆)에 예쁜 꽃을 심었어.

花는 땅속에 뿌리 내리고 꽃이 핀 모양을 나타내.

8급

메 산

산을 뜻하며, 산이라고 읽어.

부수 山
총 3획

山 山 山

바다 **해**

바다를 뜻하며, **해**라고 읽어.

부수 氵
총 **10**획

海 海 海 海 海 海 海 海

海 海

우리나라는 해양(海洋)으로 가기 좋은 반도야.

바다 엄청 넓다~!

엄마 마음처럼?

海는 물 옆에 어머니가 있는 모양으로, 어머니 마음처럼 넓은 바다를 표현한 거야.

7급

내 **천**

강을 뜻하며,
천이라고 읽어.

부수 川
총 3획

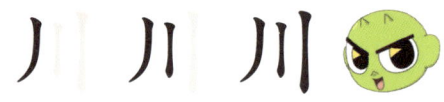

강 **강**

강을 뜻하며, 강이라고 읽어.

부수 氵
총 6획

江 江 江 江 江 江

물 **수**

물을 뜻하며, 수라고 읽어.

부수 水
총 4획

水 水 水 水

불 **화**

불을 뜻하며, 화라고 읽어.

부수 火
총 4획

火 火 火 火

화재(火災)가 나면 바로 119에 신고해야 해.

소화기로도 날 끌 수는 없어!

火는 불길이 솟아오르는 모양이야.

電

번개 **전**

번개를 뜻하며,
전이라고 읽어.

부수 雨
총 13획

電電 電 電 電 電 電 電
電 電 電 電 電

번개를 맞으면 찌릿찌릿
몸에 **전기**(電氣)가 흘러.

電은 번개가 내리치는
모양을 나타내.

빛 **색**

빛깔을 뜻하며, 색이라고 읽어.

부수 色
총 6획

丿 ⺈ 佥 佨 刍 色

옷장에 **색상**(色相)이 알록달록한 옷이 있어.

오늘은 무슨 색 옷을 입을까?

色은 사람이 허리를 굽힌 모양으로, 허리가 튼튼해야 얼굴빛이 좋다는 뜻을 나타내.

靑

푸를 **청**

푸른색을 뜻하며, 청이라고 읽어.

부수 靑
총 8획

一 二 キ 圭 主 靑 靑 靑

우리나라 **청산(青山)**은 볼수록 아름다워.

한국은 경치가 참 아름다워.

青은 우물 옆에 새싹이 자라나는 모습을 나타내.

흰 **백**

흰색을 뜻하며,
백이라고 읽어.

부수 白
총 5획

白 白 白 白 白

간호사를 백의(白衣)의 천사라고도 해.

白은 촛불이
밝게 빛나는 모양을 나타내.

春

봄 춘

봄을 뜻하며, 춘이라고 읽어.

부수 日
총 9획

一 二 三 丰 夫 夫 春 春 春
春

입춘(立春)이 되면
날씨가 따뜻해져.

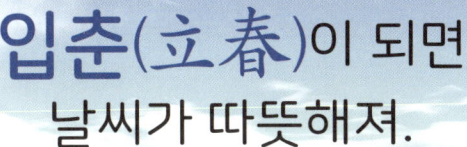

개굴 개굴 개굴 개굴

春은 햇살을 받아
나무와 풀이 자라는 모양을 나타내.

여름 **하**

여름을 뜻하며, 하라고 읽어.

夏 夏 夏 夏 夏 夏 夏 夏

夏 夏

여름방학 때
하계(夏季) 수련회를 해.

夏는 머리가 무거워질 만큼
더운 여름을 나타내.

가을 **추**

가을을 뜻하며, 추라고 읽어.

부수 禾
총 9획

秋 秋 秋 秋 秋 秋 秋 秋
秋

추석(秋夕)을 맞이해 송편을 빚었어.

秋는 가을에 곡식이 익어 가는 모습을 나타내.

겨울 **동**

겨울을 뜻하며, 동이라고 읽어.

부수 冫
총 5획

丿 ク 久 冬 冬

평창에서
동계(冬季) 올림픽이 열렸어.

冬은 끝을 양쪽으로 묶는 모습으로, 한 해 일을 다 마치는 겨울의 모습을 나타내.

날 일

어떤 하루나 시간을 뜻하며, 일이라고 읽어.

부수 日
총 4획

일출(日出)을
보려면 아침 일찍 일어나야 해.

자연

나는야 해를 닮은 청목형형!

日은 해와 주위로 퍼져나간 빛의 모양이야.

每

매양 매

하루하루의 날을 뜻하며, 매라고 읽어.

부수 母
총 7획

每 每 每 每 每 每 每

하리는 **매일(每日)**
아침 운동을 해.

자연

每는 비녀를 꽂은 여자의 모습으로
한결같은 어머니를 나타내.

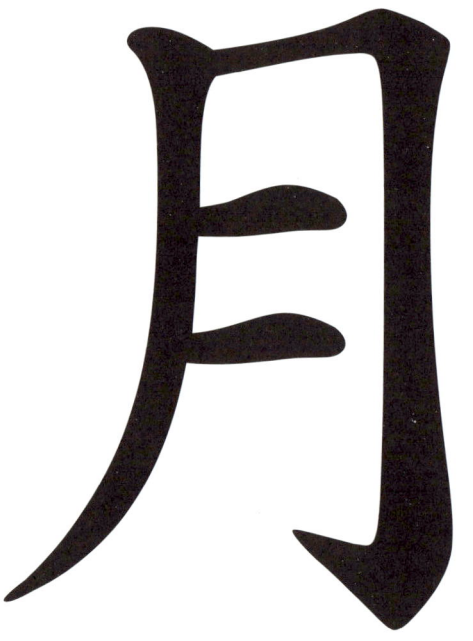

달 월

한 달의 시간 또는 하늘의 달을 뜻하며, 월이라고 읽어.

부수 月
총 4획

月 月 月 月

두리는 **매월(每月)** 한두 번씩 나쁜 꿈을 꿔.

난 악몽의 지배자, 인큐버스다!

月은
초승달 모양이야.

8급

해 **년**

한 해를 뜻하며, **년**이라고 읽어.

부수 千
총 6획

⺯ 乍 乍 乍 乍 年

농사는 **매년**(每年) 봄에
모를 심고, 가을에는 수확을 해.

매년 풍년이네!

年은 농부가 추수를 마친 볏단을
등에 지고 가는 모습을 나타내.

5급

소 우

소를 뜻하며, 우라고 읽어.

부수 牛
총 4획

두리는 날마다 우유(牛乳)를 한 잔씩 마셔.

난 우유 안 나와.

나 우유 한 잔만!

牛는 뿔이 있는 소 모양이야.

말 마

말을 뜻하며, 마라고 읽어.

부수 馬
총 10획

馬 馬 馬 馬 馬 馬 馬 馬
馬 馬

옛날에는
마차(馬車)를 타고 다녔어.

馬는 말의 네 다리와
갈기 모양이야.

양 양

양을 뜻하며, 양이라고 읽어.

부수 羊
총 6획

羊 羊 羊 羊 羊 羊

양모(羊毛)로 만든 옷은 매우 따뜻해.

羊은 양 모양이야.

4급

개 **견**

개를 뜻하며, **견**이라고 읽어.

부수 犬
총 4획

犬 犬 犬 犬

케르베로스는 현우를 지키는
충견(忠犬)이야.

犬은 개 모양이야.

5급

물고기 **어**

물고기를 뜻하며, 어라고 읽어.

부수 魚
총 11획

魚 魚 魚 魚 魚 魚 魚 魚

魚 魚 魚

어항(魚缸)에 물고기 한 마리가 있어.

魚는 물고기 모양이야.

- 人 사람 인 · 72
- 目 눈 목 · 74
- 口 입 구 · 76
- 手 손 수 · 78
- 足 발 족 · 80
- 頭 머리 두 · 82
- 面 낯, 얼굴 면 · 84
- 心 마음 심 · 86

8급

人

사람 인

사람을 뜻하며,
인이라고 읽어.

부수 人
총 2획

丿 人

벨라는 소녀의 영혼이 담긴
슬픈 **인형(人形)**이야.

나도 사람이 될 수 있을까?

그건 좀 힘들 듯!

人은 두 사람이
서로 기대선 모양이야.

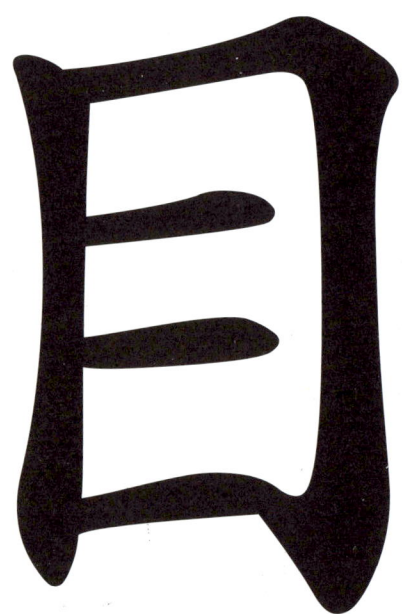

눈 **목**

신체의
눈을 뜻하며,
목이라고 읽어.

부수 目
총 5획

입 구

입을 뜻하며,
구라고 읽어.

부수 口
총 3획

양치질을 잘해서
구강(口腔) 건강을 지키자.

口는
입을 벌린 모양이야.

7급

손 수

손과 손재주를 뜻하며, 수라고 읽어.

부수 手
총 4획

노래를 잘해서 **박수(拍手)**를 받았어.

인체

모두들, 박수!

手는
사람 손 모양이야.

발 족

발을 뜻하며, 족이라고 읽어.

부수 足
총 7획

足 足 足 足 足 足 足

체육 시간에
족구(足球)를 했어.

足은 무릎을
구부린 발 모양이야.

6급

머리 두

머리를 뜻하며
두라고 읽어.

부수 頁
총 16획

금비는
두상(頭相)이 참 예뻐.

내 머리 예쁘나?

頭는 그릇에 담긴 사람 머리 모양으로 머리가 제일 위에 있는 모습을 나타내.

낯, 얼굴 **면**

생김새를 뜻하며, 면이라고 읽어.

부수 面
총 9획

面 面 面 面 而 而 而
而 面

아빠는 아침마다 면도(面刀)를 해.

인체

아무리 봐도 잘생겼단 말이야!

面은 사람의 머리와 눈 모양으로 얼굴이나 표정을 나타내.

마음 **심**

마음을 뜻하며, **심**이라고 읽어.

부수 心
총 4획

心 心 心 心

조용한 음악을 들으면
심신(心身)이 편안해.

클래식을 들으니 마음이 편안해.

心은
심장 모양이야.

一 한 일 · 90	數 셈 수 · 116
二 두 이 · 92	少 적을 소 · 118
三 석 삼 · 94	多 많을 다 · 120
四 넉 사 · 96	前 앞 전 · 122
五 다섯 오 · 98	後 뒤 후 · 124
六 여섯 육(륙) · 100	左 왼 좌 · 126
七 일곱 칠 · 102	右 오른쪽 우 · 128
八 여덟 팔 · 104	中 가운데 중 · 130
九 아홉 구 · 106	上 윗 상 · 132
十 열 십 · 108	下 아래 하 · 134
百 일백 백 · 110	內 안 내 · 136
千 일천 천 · 112	外 바깥 외 · 138
萬 일만 만 · 114	

한 일

하나를 뜻하며, 일이라고 읽어.

부수 一
총 1획

하리는 반에서 달리기
일등(一等)이야.

一은 막대기 한 개를
가로로 놓은 모습이야.

두 **이**

둘을 뜻하며, **이**라고 읽어.

부수 二
총 2획

하리네 반 학생은 모두
이십(二十) 명이야.

二는 막대기 두 개를
가로로 놓은 모습이야.

석 삼

셋을 뜻하며, 삼이라고 읽어.

부수 一
총 3획

一 二 三

삼일절(三一節)에는
만세를 부르며 태극기를 흔들어.

三은 막대기 세 개를
늘어놓은 모습을 나타내.

넉 **사**

넷을 뜻하며, 사라고 읽어.

부수 口
총 5획

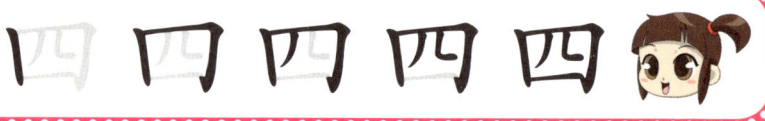

각귀는
사칙(四則) 연산을 무척 잘해.

수·방향

四는 막대기 네 개 모양이었다가,
三(석 삼)과 헷갈려서 四로 쓰게 됐어.

다섯 오

다섯을 뜻하며, 오라고 읽어.

부수 二
총 4획

시골에서 오일장(五日場)이 열렸어.

五는 二(두 이) 사이에 㐅(다섯 오) 모양을 넣은 모습으로 숫자 5를 나타내.

六

여섯 육(른)

여섯을 뜻하며, 육 또는 른이라고 읽어.

부수 八
총 4획

六 六 六 六

하리는 내년에
육학년(六學年)이 돼.

내년엔 육학년이야.

六은 양손 손가락 세 개를
아래로 편 모습이야.

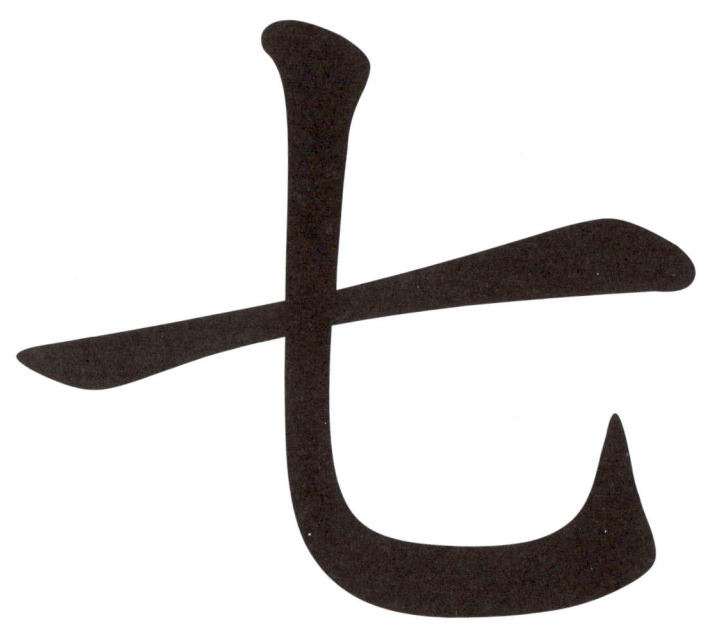

일곱 **칠**

일곱을 뜻하며, 칠이라고 읽어.

부수 一
총 2획

七 七

빨리 **칠월(七月)**이 되어 방학을 하면 좋겠어.

빨리 방학 되게 해 주세요.

아직 3월인데?

七은 칼로 나무를 자르는 모습이었다가 十(열 십)과 헷갈려서 七로 쓰게 되었어.

여덟 **팔**

여덟을 뜻하며, 팔이라고 읽어.

부수 八
총 **2**획

서울에는 **팔도(八道)**에서 온 사람들이 모여 있어.

수・방향

강림이를 어디서 찾지?

八은 물건이 반으로 나뉘어 있는 모양이야.

아홉 **구**

아홉을 뜻하며,
구 라고 읽어.

부수 乙
총 2획

九 九

혈안귀가 일부터 구(九)까지 세고 있어.

일곱, 여덟, 아홉!

九는 손부터 팔꿈치를 나타냈다가 지금은 숫자 '아홉'을 나타내.

열 십

열을 뜻하며, 십이라고 읽어.

부수 十
총 2획

一 十

더하기는
십자(十字) 모양으로 생겼어.

十은 서 있는 나무 막대에
점 하나를 찍은 모습이야.

일백 **백**

백을 뜻하며, 백이라고 읽어.

부수 白
총 6획

百 百 百 百 百 百

일천 **천**

일천을 뜻하며, 천이라고 읽어.

부수 十
총 3획

千 亠 千

말 한마디에 **천냥**(千兩) 빚을 갚는다는 속담이 있어.

千은 人(사람 인)에 획을 하나 그어 '천' 단위를 나타내.

萬

일만 **만**

일 만을 뜻하며, 만이라고 읽어.

부수 ++
총 13획

萬 萬 萬 萬 萬 莴 莴 苗
萬 莴 萬 萬 萬

운동장에 **만국기(萬國旗)**가 펄럭이고 있어.

萬은 처음에는 전갈을 표현하는 글자였지만 지금은 숫자 '일 만'을 나타내.

數

셈 수

수를 세는 것을 뜻하며, 수라고 읽어.

부수 攵
총 15획

수학(數學)을 잘하려면 셈이 빠라야 해.

數는 조개에 실을 꿰어 수를 세는 모습을 나타내.

적을 **소**

양이 적음을 뜻하며, 소라고 읽어.

부수 小
총 4획

亅 小 小 少

강림이는 열두 살
소년(少年)이야.

少는 작은 돌멩이가
튀는 모양이야.

많을 다

양이 많음을 뜻하며, 다라고 읽어.

부수 夕
총 6획

ノ 夕 夕 多 多 多

앞 전

앞을 뜻하며,
전이라고 읽어.

뒤 **후**

뒤를 뜻하며, 후라고 읽어.

부수 彳
총 9획

後 後 後 後 後 後 後 後

後

방과후(放課後) 교실에서 컴퓨터를 배워.

後는 발에 족쇄가 채워져 걸음이 뒤쳐지는 모습을 나타내.

왼 **좌**

왼쪽을 뜻하며, 좌라고 읽어.

부수 工
총 5획

一 ナ 左 左 左

횡단보도를 건널 땐
좌우(左右)를 살펴야 해.

수·방향

左는 장인이
왼손에 도구를 쥔 모습을 나타내.

오른쪽 **우**

오른쪽을 뜻하며,
우라고 읽어.

부수 口
총 5획

右 右 右 右 右

가운데 **중**

가운데를 뜻하며, 중이라고 읽어.

부수 丨
총 **4**획

中 中 中 中

깃발이 울타리
중심(中心)에 꽂혔어.

정확히 중심에 맞히다니! 역시 난 대단해!

中은 네모난 군대 울타리 한가운데 깃발을 꽂은 모습을 나타내.

7급

윗 **상**

위를 뜻하며, 상이라고 읽어.

부수 一
총 3획

丨 卜 上

산 **정상(頂上)**에 올라
'야호~!' 하고 외쳤어.

수·방향

上은
기준의 위를 나타내.

아래 **하**

아래를 뜻하며, 하라고 읽어.

부수 一
총 3획

下 下 下

하산(下山)할 때는
조심해서 내려와.

수·방향

下는
기준의 아래를 나타내.

內

안 내

안을 뜻하며, 내라고 읽어.

부수 入
총 4획

內 內 內 內

시두스는 학교 **내부**(内部)에 있어.

内는 옛날 가옥의 안쪽을 나타내.

바깥 **외**

바깥을 뜻하며, 외라고 읽어.

부수 夕
총 5획

夕 ⼍ 夕 外 外

리온은 어린 시절
외국(外國)에서 자랐어.

내 고향은 외국이야.

外는 저녁(夕)에 점(卜)을 치는 모습을 나타내. (옛날에는 보통 아침에 점을 쳤대.)

母 어머니 모 · 142	姓 성씨 성 · 160
父 아버지 부 · 144	室 집 실 · 162
女 여자 여(녀) · 146	家 집 가 · 164
男 사내 남 · 148	命 목숨 명 · 166
弟 아우 제, 기울어질 퇴 · 150	民 백성 민 · 168
兄 형 형 · 152	世 인간, 대 세 · 170
老 늙을 로(노) · 154	工 장인 공 · 172
長 길, 어른 장 · 156	王 임금 왕 · 174
名 이름 명 · 158	軍 군사 군 · 176

母

어머니 모

부수 母
총 5획

乚 乜 母 母 母

두리와 엄마는 흥이 넘치는 모자(母子)야.

母는 아기에게 젖을 물리는 어머니의 모습을 나타내.

父

아버지 부

아버지를 뜻하며, 부라고 읽어.

부수 父
총 4획

父 父 父 父

하리와 아빠는 사이좋은
부녀(父女)야.

인물·가족

父는 회초리를 들고 있는
어른의 모습을 나타내.

女

여자 **여(녀)**

여자를 뜻하며, **여** 또는 **녀**라고 읽어.

부수 女
총 **3**획

く 夂 女

손각시는 머리카락이 긴
소녀(少女)야.

女는 여자가 손을 모은 채
무릎을 꿇고 앉아 있는 모양이야.

사내 **남**

남자를 뜻하며, **남**이라고 읽어.

男 男 男 男 男 男 男

두리는 하리의
남자(男子) 동생이야.

男은 밭을 매는 쟁기 모양으로,
농사짓던 남자를 나타내.

아우 **제**, 기울어질 **퇴**

부수 **弓**
총 **7**획

아우를 뜻하며, **제**라고 읽거나
기울어짐을 뜻하며, **퇴**라고 읽어.

弟 弟 弟 弟 弟 弟 弟

두리는 강림이의 **제자(弟子)**가 되고 싶어 해.

弟는 나무토막에 줄을 아래쪽부터 묶은 모습으로, 나이 어린 사람을 나타내.

兄

형 **형**

자신보다 나이 많은 사람을 뜻하며, **형**이라고 읽어.

兄 兄 兄 兄 兄

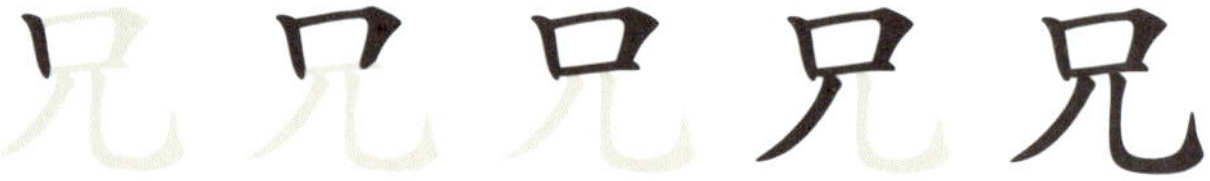

두리는 **형제(兄弟)**인
친구들이 부러웠어.

그럼 형이 되어 줄래?

아직 안 갔니?

> 兄은 하늘을 향해 입을 크게 벌리고 있는 모습으로 제사를 준비하는 연장자의 모습을 나타내.

늙을 로(노)

늙음을 뜻하며,
로 또는 노라고
읽어.

부수 老
총 6획

老 老 老 老 老 老

노인(老人)은
약하지만 지혜가 있어.

아이고, 이제 나도 늙었나 보군.

老는 노인이 지팡이를 짚고 있는 모양이야.

길, 어른 **장**

길 또는 어른을 뜻하며, 장이라고 읽어.

부수 長
총 8획

長 長 長 長 長 長 長 長

만티코어의 머리카락은
장발(長髮)이야.

내 긴 생머리 탐스럽지?

長은 긴 머리카락을 휘날리는
할아버지의 모습을 나타내.

이름 **명**

이름을 뜻하며, **명**이라고 읽어.

부수 口
총 6획

名 ク 夕 夕 名 名 名

살음귀가 귀신들을
호명(呼名)하고 있어.

名은 한밤중에 입을 벌린 모습으로 어두운 밤에 누군가의 이름을 부르는 모습을 나타내.

姓

성씨 성

사람의 성씨를 뜻하며, 성이라고 읽어.

く 女 女 女 女 姓 姓 姓

공책에 바르게 **성명(姓名)**을 써.

姓은 새싹을 지켜보는 여자의 모습으로 여자가 낳은 아이가 성을 갖게 되는 모습을 나타내.

집 실

집을 뜻하며, 실이라고 읽어.

부수 宀
총 9획

室室室室室室室室室

室

입질쟁이가
실내(室內)에 숨어 있어.

室은 화살이 지붕 아래 땅에 박힌 모습으로 집 안에 이르렀다는 뜻이야.

7급

집 가

집을 뜻하며, 가라고 읽어.

부수 宀
총 10획

家 家 家 家 家 家 家 家 家

家

우리 가족(家族)은 식사 준비를 같이 해.

인물·가족

식사는 가족끼리 해야 더 맛있는 법!

家는 귀한 돼지를 집 안에서 키우는 모습을 나타내.

목숨 **명**

목숨을 뜻하며, **명**이라고 읽어.

부수 口
총 **8**획

丿 亽 亽 亼 合 命 命 命

생명(生命)은
소중하고 아름다운 것이야.

命은 대궐에 사는 높은 사람이
명령하는 모습을 나타내.

백성 **민**

백성을 뜻하며,
민이라고 읽어.

부수 氏
총 5획

民 民 民 民 民

世

인간, 대 **세**

인간의 시간을 뜻하며, 세라고 읽어.

부수 一
총 5획

世 世 世 世 世

장인 **공**

장인이나 솜씨를 뜻하며, 공이라고 읽어.

부수 工
총 **3**획

가은이는 공부(工夫)를
열심히 하는 학생이야.

工 은 땅을 다질 때 쓰는
도구 모양이야.

王

임금 왕

부수 王
총 4획

임금을 뜻하며, 왕이라고 읽어.

왕관(王冠)은
왕이 머리에 쓰는 거야.

난 왕이 될 거야!

王은 우두머리만
갖고 있던 도끼를 나타내.

군사 군

나라의 군사를 뜻하며, 군이라고 읽어.

부수 車
총 9획

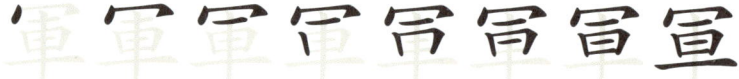

진명이 **군사(軍士)**들을
데리고 마을에 쳐들어왔어.

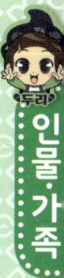

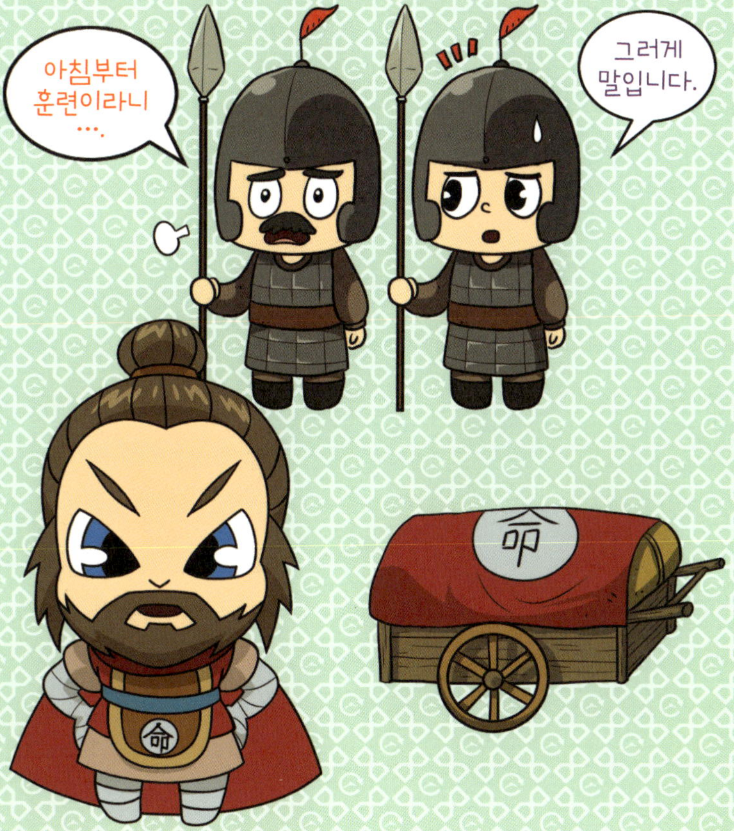
아침부터
훈련이라니
….
그러게
말입니다.
命
命

軍은 전쟁에 쓰이던 수레를
눈에 띄지 않게 덮어 둔 모습을 나타내.

物 물건 물 · 180	記 기록할 기 · 210
車 수레 거/차 · 182	歌 노래 가 · 212
金 쇠 금 · 184	間 사이 간 · 214
旗 기 기 · 186	氣 기운 기 · 216
同 한가지 동 · 188	不 아닐 불/부 · 218
事 일 사 · 190	出 날 출 · 220
力 힘 력 · 192	生 날 생 · 222
農 농사 농 · 194	動 움직일 동 · 224
方 모, 본뜰 방 · 196	先 먼저 선 · 226
時 때 시 · 198	登 오를 등 · 228
敎 가르칠 교 · 200	來 올 래(내) · 230
學 배울 학 · 202	大 큰 대 · 232
文 글월 문 · 204	小 작을 소 · 234
問 물을 문 · 206	直 곧을 직 · 236
答 대답 답 · 208	洞 골 동, 밝을 통 · 238

 7급

物

물건 **물**

 물건을 뜻하며, 물이라고 읽어.

부수 牛
총 8획

物物牛物物物物物

안 쓰는 물건(物件)은 나눠 쓰자.

"하리 애장품, 해골 후드티 드립니다."

"장난감 퇴마검도 바꿔 가."

物은 소를 파는 모습을 나타내.

바퀴 달린 사물을 뜻하며, **거** 또는 **차**라고 읽어.

수레 거/차

車車車車車車車

관광지에 가서
**인력거(人力車)와
기차(汽車)를 탔어.**

너 빨리 안 내리냐?

車는 수레 모양이야.

金

쇠 **금**

돈이나 금을 뜻하며, 금이라고 읽어.

부수 金
총 8획

丿 人 仐 仐 仐 仐 金 金

살음귀가 노래 대회에서 **금상(金賞)**을 받았어.

金은 흙 속에 묻혀 있던 광물, 금을 나타내.

旗

기 기

깃발을 뜻하며, 기라고 읽어.

부수 方
총 14획

旗 旗 方 方 方 旗 旗 斿
斿 旗 旗 旗 旗 旗

국기(國旗)는
나라를 상징하는 깃발이야.

旗 는 군대에서 쓰는
깃발 모양이야.

한가지 **동** 한가지 또는 무리를 뜻하며, 동이라고 읽어.

부수 口
총 6획

금비와 청목형형은 **동일(同一)**한 몸이야.

同은 큰 그릇과 입 모양으로 함께 이야기를 나누는 모습을 나타내.

事

일 사

일하는 것을 뜻하며, 사라고 읽어.

부수 亅
총 8획

事 事 事 事 事 事 事 事

사고(事故) 현장에 하리 엄마와 백의귀가 도착했어.

다행히 다친 사람은 없네!

내가 할 일이 없군.

事는 제사를 지낼 때 쓰는 깃대를 손으로 들고 있는 모양으로, 직업이나 일을 나타내.

力

힘 력

힘을 뜻하며,
력이라고 읽어.

부수 力
총 2획

力 力

퇴마검 덕에
강력(強力)한 힘이 생겼어.

力은 밭을 가는
농기구 모양이야.

農

농사 **농**

농사를 뜻하며,
농이라고 읽어.

부수 辰
총 13획

7급

네모나 방향을 뜻하며, **방**이라고 읽어.

모, 본뜰 **방**

부수 **方**
총 **4**획

方 方 方 方

동서남북을 사방(四方)이라고 해.

북(北)

서(西)

동(東)

남(南)

方은 소가 끄는 쟁기와
방향을 조절하는 손잡이 모양을 나타내.

7급

時

때 시

어떤 때를 뜻하며, 시라고 읽어.

부수 日
총 10획

時 時 時 時 時 時 時 時
時 時

시계(時計)를 보니 학교 갈 시간이야.

時는 해와 발걸음 모양으로, 해가 뜨면 시간이 흐르는 모습을 나타내.

가르칠 **교**

가르침을 뜻하며, 교라고 읽어.

부수 攵
총 11획

귀신들이 교실(敎室)에서
한자 공부를 하고 있어.

敎 는 회초리를 들어
아이를 가르치는 모습을 나타내.

배울 **학**

배우다, 공부하다를 뜻하며, **학**이라고 읽어.

부수 **子**
총 **16**획

學 ´學 ′學 ʲ學 ⁴學 ⁵學 ⁶學 ⁷學
⁸學 ⁹學 ¹⁰學 ¹¹學 ¹²學 ¹³學 ¹⁴學 ¹⁵學 ¹⁶學

공부를 잘하려면 날마다 스스로
학습(學習)을 해야 해.

學은 아이가 배움을
얻는 모습을 나타내.

文

글월 **문**

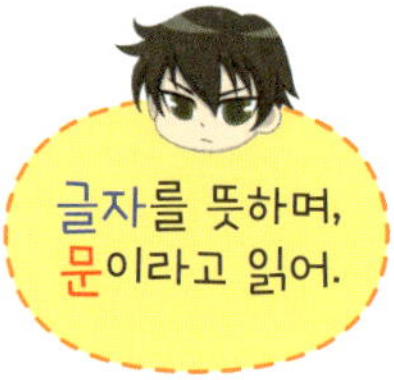

글자를 뜻하며, **문**이라고 읽어.

부수 文
총 **4**획

丶 亠 亢 文

한문(漢文)을 배우면 책 읽을 때 도움이 돼.

나 붓글씨 잘 쓰지?

文은 몸에 문신을 새긴 사람 모양이야.

問

물을 문

물음을 뜻하며, 문이라고 읽어.

부수 口
총 11획

問 問 問 問 問 問 問 問
問 問 問

모르는 게 생기면 선생님께 **질문(質問)**해.

오늘의 귀신은 바로 이분입니다. 이름이 뭐죠?

問은 여닫는 문과 입 모양으로 집을 방문해 물어보는 모습을 나타내.

7급

대답 **답**

대답을 뜻하며, 답이라고 읽어.

부수 竹
총 12획

친구의 질문에 친절하게 **대답(對答)**을 했어.

答은 대나무에 合(합할 합)을 더해, 종이가 없던 시절 대나무에 편지를 써서 주고받은 모습을 나타내.

기록할 기

기록을 뜻하며, 기라고 읽어.

부수 言
총 10획

記記記記記記記記

記記

현우는 **기자(記者)**가 되는 게 꿈이야.

열심히 기록해서 멋진 기자가 될래.

記는 말을 나타내는 言(말씀 언)과 줄을 늘어놓은 모양을 더해, 말을 순서대로 정리하는 모습을 나타내.

7급

노래 **가**

노래를 뜻하며,
가라고 읽어.

부수 欠
총 14획

歌 歌 歌 歌 歌 歌 歌 歌
歌 歌 歌 歌 歌 歌

가수(歌手)가 되려면 노래를 잘해야 해.

누가 음정 자꾸 틀리니?

살음귀 너잖아.

歌는 여러 명이 입을 벌려 노래하는 모습을 나타내.

7급

間

사이 **간**

사이를 뜻하며,
간이라고 읽어.

부수 門
총 12획

間 間 間 間 間 間 間 間
間 間 間 間

고스트볼만 있으면 귀신 잡는 건 **시간(時間)** 문제야.

귀신들아, 와라!

間은 문에 달이 있는 모양으로, 달빛이 문틈으로 들어오는 모습을 나타내.

7급

기운 **기**

분위기나 기운을 뜻하며, **기**라고 읽어.

부수 气
총 **10**획

氣氣氣氣氣氣氣氣
氣氣

좋아하는 친구를 보면 기분(氣分)이 좋아.

내가 끓인 거야. 먹어 봐.

으, 응. 고마워.

氣는 그릇에서 뜨거운 김이 모락모락 피어오르는 모양이야.

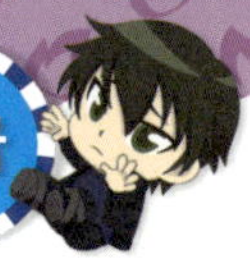

不

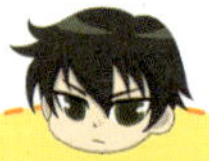

아니라고 부정하는 것을 뜻하며, **부** 또는 **불**이라고 읽어.

아닐 불/부

부수 一
총 4획

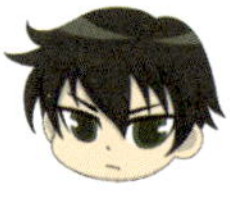

아기 새가 떨어질 것 같아서 불안(不安)해.

不은(는) 새가 나뭇가지를 물고 하늘을 날아가 내려오지 않는 모양이야.

날 **출**

나타남을 뜻하며, **출**이라고 읽어.

부수 凵
총 5획

出 凵 屮 出 出

비상 **출구**(出口)는
오른쪽에 있어.

나가는 문은
이쪽입니다.

出은 문 밖으로
발이 나가는 모양이야.

날 생

없다가 생겨남 또는
싱싱함을 뜻하며,
생이라고 읽어.

부수 生
총 5획

生生生生生

금비가 **생일(生日)**에 귀신들을 초대했어.

生은 새싹이 돋아나듯 생명이 태어나는 모습을 표현한 거야.

動

움직일 **동**  움직임을 뜻하며, 동이라고 읽어.

부수 力
총 11획

動 動 動 動 動 動 動 動
動 動 動

먼저 선

앞서는 것 또는 옛날을 뜻하며, 선이라고 읽어.

부수 儿
총 6획

先 先 先 先 先 先

역사책에는 **선조(先祖)**들의 지혜가 담겨 있어.

역시 우리 선조들은 똑똑해.

先은 앞서 나가는 발자국 모양을 표현한 거야.

7급

오를 **등**

오르는 것을 뜻하며, **등**이라고 읽어.

부수 癶
총 12획

癶 癶 癶 癶 癶 癶 癶 癶
登 登 登 登

당목귀는 일요일마다
등산(登山)을 해.

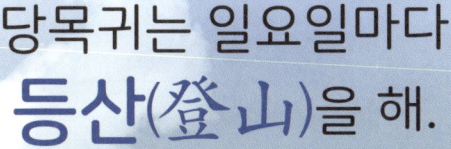

곧 정상이야!

登은 그릇을 들고
계단을 올라가는 모습을 나타내.

올 래(내)

오는 것을 뜻하며, 래 또는 내라고 읽어.

來 來 來 來 來 來 來 來

어린이가 많으면 나라의 **미래(未來)**가 밝아.

來는
보리 모양을 나타내.

 8급

大

큰 대

크다를 뜻하며,
대라고 읽어.

부수 大
총 3획

一 ナ 大

두억시니는 몸집이 큰
대장부(大丈夫)야.

大는 사람이 양팔을
벌리고 서 있는 모양이야.

작을 소

크기가 작음을 뜻하며, 소라고 읽어.

부수 小
총 3획

小 小 小

놀이공원에서 어린이는 소인(小人) 요금을 내.

생활

小는 작은 조각들이
흐트러진 모습을 나타내.

直

곧을 **직**

곧게 편 모양을 뜻하며, 직이라고 읽어.

부수 目
총 8획

一 十 广 古 冇 肻 盲 直

가은이는 자가 없어도
직선(直線)을 잘 그어.

直은 지켜보는 눈이 열 개 있는 모양으로,
많은 사람이 보면 정확하다는 의미를 나타내.

골 **동**, 밝을 **통**

부수 氵
총 **9**획

마을을 뜻하며, **동**이라 읽고
밝음을 뜻하며, **통**이라고 읽어.

洞 洞 洞 洞 洞 洞 洞 洞

洞

동구(洞口) 밖에 큰 나무가 있어.

洞은 물 옆에 사람들이 모여 있는 모습으로 마을을 나타내.

門 문문 · 242
空 빌공 · 244
校 학교교 · 246
市 저자시 · 248
里 마을 리(이) · 250
道 길도 · 252
寸 마디촌 · 254
國 나라국 · 256
韓 한국한 · 258

門

문 문

문을 뜻하며, 문이라고 읽어.

| 丨 冂 冂 冃 閂 門 門 門 |

두억시니가 **대문(大門)**을 활짝 열고 집으로 들어왔어.

門은 양쪽으로 여닫는 문의 모습을 나타내.

빌 **공**

비어 있는 공간을 뜻하며, 공이라고 읽어.

부수 穴
총 8획

空 空 空 空 空 空 空 空

취생은 한을 풀고 공중(空中)으로 사라졌어.

장소·기타

ㅋㅋㅋ

사실 이런 공간에 숨어 있는 줄은 아무도 모르겠지?

空은 도구로 구덩이 같은 빈 공간을 파낸 모습을 나타내.

8급

학교 교

학교를 뜻하며, 교라고 읽어.

부수 木
총 10획

校校校校校校校校
校校

두리와 하리는 함께 학교(學校)에 가.

校는 木(나무 목)과 交(사귈 교)가 만난 한자야.
다리를 꼬고 앉은 사람이 반듯한 나무에 앉아
곧게 잘 자라는 모습을 나타내.

市

저자 **시**

시장을 뜻하며, 시라고 읽어.

부수 巾
총 5획

市 市 市 市 市

7급

里

마을 리(이)

마을을 뜻하며, 리 또는 이라고 읽어.

부수 里
총 7획

里 里 里 里 旦 甲 里

이장(里長)님은 마을 주민들을 위해서 열심히 일해.

里는 밭과 흙이 있는 모양으로, 사람들이 모여 사는 모습을 나타내.

道

길 도

길을 뜻하며, 도라고 읽어.

부수 辶
총 13획

道 道 道 道 𦫺 𦫺 𦫺 首
首 首 道 道 道

마디 촌

작은 마디 또는 촌수를 뜻하며, 촌이라고 읽어.

부수 寸
총 3획

一 寸 寸

하리는 사촌(四寸)과 사이가 좋아.

寸은 손끝에서 손목까지의 길이를 나타낸 모습이야.

나라 **국**

나라를 뜻하며, 국이라고 읽어.

부수 口
총 11획

어린이도 우리나라 **국민(國民)**이야.

國은 네모난 성벽에 창이 놓인 모습으로, 나라를 지키는 모습이야.

韓

한국 한

우리나라 한국 또는 나라 이름을 뜻하며, 한이라고 읽어.

부수 韋
총 17획

一 十 十 十 古 古 直 直 卓 卓
卓 軺 軺 韓 韓 韓 韓 韓

한자가 만들어지는 원리

1 상형문자(象形文字)는 사물의 모양을 본떠 만든 글자예요.

山 메 산 =  우뚝 솟은 세 개의 봉우리를 본떴어요.

月 달 월 =  초승달을 본떴어요.

2 지사문자(指事文字)는 그림으로 나타내지 못하는 말을 점과 선 등의 부호나 기호로 나타낸 글자예요.

上 윗 상 =

3 회의문자(會意文字)는 두 개 이상의 글자를 합해 새로운 뜻과 음을 나타낸 글자예요.

 日 + 月 ➡ 明 밝을 명

 木 + 木 ➡ 林 수풀 림

❹ **전주문자**(轉注文字)는 한 글자에 두 가지 이상의 뜻과 음이 있는 글자예요.

樂 노래 **악**, 즐길 **락**, 좋아할 **요**

惡 악할 **악**, 미워할 **오**

❺ **형성문자**(形聲文字)는 두 글자를 합해 하나는 뜻을, 하나는 음을 나타낸 글자예요.

艸 + 化 ➡ 花
풀   화   꽃 화

❻ **가차문자**(假借文字)는 글자 뜻과 상관없이 음을 빌려서 나타낸 글자예요. 외래어에 많이 사용해요.

佛蘭西   弗   伊太利
프랑스 **불란서**   달러 **불**   이탈리아 **이태리**

도깨비에게 배우는 숫자

1 一 한일	2 二 두이	3 三 석삼
4 四 넉사	5 五 다섯오	6 六 여섯육
7 七 일곱칠	8 八 여덟팔	9 九 아홉구
10 十 열십	100 百 일백백	1,000 千 일천천

10,000 萬 일만 만

신비 님은 신비아파트가 백 년(百年)째 되는 날 태어났다고~!

 ## 귀신에게 배우는 일주일

부 · 록

月曜日 월요일

火曜日
화요일

水曜日
수요일

木曜日
목요일

金曜日
금요일

목요일의 '木'은
당목귀의 목과 같은 뜻!

금요일의 '金'은
금돼지의 금과 같은 뜻!

土曜日
토요일

日曜日
 일요일

별빛 초등학교 소풍날

鳥 새 조

北 북녘 북

西 서녘 서

東 동녘 동

붉은 바늘이 북쪽으로!

猫 고양이 묘

南 남녘 남

犬 개 견

하리와 두리의 1년

봄 춘

夏 여름 하

秋 가을 추

冬 겨울 동

찾아보기

ㄱ

- 7급 家 집 가 · 164
- 7급 歌 노래 가 · 212
- 7급 間 사이 간 · 214
- 7급 江 강 강 · 30
- 7급 車 수레 거/차 · 182
- 4급 犬 개 견 · 66
- 5급 輕 가벼울 경 · 265
- 6급 高 높을 고 · 264
- 7급 空 빌 공 · 244
- 7급 工 장인 공 · 172
- 8급 敎 가르칠 교 · 200
- 8급 校 학교 교 · 246
- 8급 九 아홉 구 · 106, 262
- 7급 口 입 구 · 76

- 8급 國 나라 국 · 256
- 8급 軍 군사 군 · 176
- 8급 金 쇠 금 · 184, 263
- 7급 記 기록할 기 · 210
- 7급 氣 기운 기 · 216
- 7급 旗 기 기 · 186

ㄴ

- 8급 南 남녘 남 · 266
- 7급 男 사내 남 · 148
- 7급 內 안 내 · 136
- 8급 女 여자 여(녀) · 146
- 8급 年 해 년 · 58
- 7급 農 농사 농 · 194

ㄷ

- 6급 多 많을 다 · 120

급	한자	뜻 음	쪽
7급	答	대답 답	208
8급	大	큰 대	232
7급	道	길 도	252
7급	洞	골 동, 밝을 통	238
7급	冬	겨울 동	50, 267
8급	東	동녘 동	266
7급	同	한가지 동	188
7급	動	움직일 동	224
6급	頭	머리 두	82
7급	登	오를 등	228

급	한자	뜻 음	쪽
7급	來	올 래(내)	230
7급	力	힘 력	192
7급	老	늙을 로(노)	154
7급	里	마을 리(이)	250
7급	林	수풀 림(임)	20

ㅁ

급	한자	뜻 음	쪽
5급	馬	말 마	62
8급	萬	일 만 만	114, 262
7급	每	매양 매	54
7급	面	낯, 얼굴 면	84
7급	命	목숨 명	166
7급	名	이름 명	158
8급	母	어머니 모	142
1급	猫	고양이 묘	266
6급	目	눈 목	74
8급	木	나무 목	18, 263
8급	門	문 문	242
7급	問	물을 문	206
7급	文	글월 문	204

찾아보기

찾아보기

- 7급 物 물건 물 · 180
- 8급 民 백성 민 · 168

ㅂ

- 7급 方 모, 본뜰 방 · 196
- 7급 百 일백 백 · 110, 262
- 8급 白 흰 백 · 42
- 8급 父 아버지 부 · 144
- 8급 北 북녘 북 · 266
- 7급 不 아닐 불/부 · 218
- 5급 鼻 코 비 · 265

ㅅ

- 8급 四 넉 사 · 96, 262
- 7급 事 일 사 · 190
- 8급 山 메 산 · 24
- 8급 三 석 삼 · 94, 262
- 7급 上 윗 상 · 132
- 7급 色 빛 색 · 38
- 8급 生 날 생 · 222
- 8급 西 서녘 서 · 266
- 8급 先 먼저 선 · 226
- 7급 姓 성씨 성 · 160
- 7급 世 인간, 대 세 · 170
- 7급 少 적을 소 · 118
- 8급 小 작을 소 · 234
- 7급 數 셈 수 · 116
- 8급 水 물 수 · 32, 263
- 7급 手 손 수 · 78
- 7급 市 저자 시 · 248
- 7급 時 때 시 · 198
- 8급 室 집 실 · 162

| 7급 | 心 마음 심 · 86 | 8급 | 一 한 일 · 90, 262 |
| 8급 | 十 열 십 · 108, 262 | 8급 | 日 날 일 · 52, 263 |

ㅇ

4급	羊 양 양 · 64
5급	魚 물고기 어 · 68
8급	五 다섯 오 · 98, 262
8급	王 임금 왕 · 174
8급	外 바깥 외 · 138
7급	右 오른쪽 우 · 128
5급	牛 소 우 · 60
8급	月 달 월 · 56, 263
8급	六 여섯 육(륙) · 100, 262
5급	耳 귀 이 · 265
8급	二 두 이 · 92, 262
8급	人 사람 인 · 72

ㅈ

8급	長 길, 어른 장 · 156
4급	低 낮을 저 · 264
7급	電 번개 전 · 36
7급	前 앞 전 · 122
8급	弟 아우 제, 기울어질 퇴 · 150
4급	鳥 새 조 · 266
7급	足 발 족 · 80
7급	左 왼 좌 · 126
8급	中 가운데 중 · 130
7급	重 무거울 중 · 265
7급	地 땅 지 · 12
7급	直 곧을 직 · 236

271

찾아보기

ㅊ

- 7급 天 하늘 천 · 10
- 7급 千 일천 천 · 112, 262
- 7급 川 내 천 · 28
- 8급 靑 푸를 청 · 40
- 7급 草 풀 초 · 16
- 8급 寸 마디 촌 · 254
- 7급 秋 가을 추 · 48, 267
- 7급 春 봄 춘 · 44, 267
- 7급 出 날 출 · 220
- 8급 七 일곱 칠 · 102, 262

ㅌ

- 8급 土 흙 토 · 14, 263

ㅍ

- 8급 八 여덟 팔 · 104, 262

ㅎ

- 7급 夏 여름 하 · 46, 267
- 7급 下 아래 하 · 134
- 8급 學 배울 학 · 202
- 8급 韓 한국 한 · 258
- 7급 海 바다 해 · 26
- 8급 兄 형 형 · 152
- 8급 火 불 화 · 34, 263
- 7급 花 꽃 화 · 22
- 7급 後 뒤 후 · 124

와글와글 따라그리기
값 7,000원

숫자 스티커워크북
값 7,000원

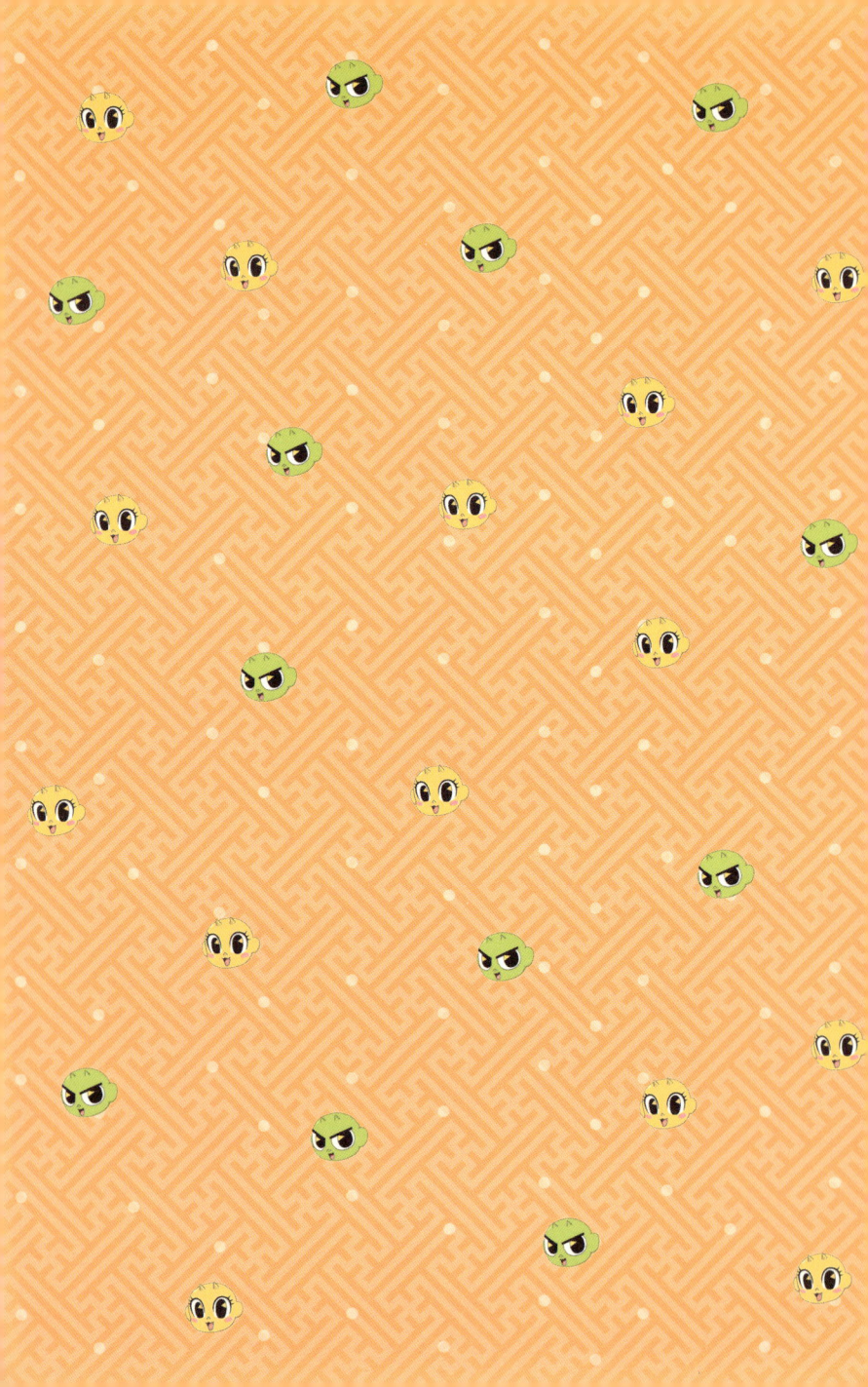